Mitt liv som upplyst

En pilgrimsfärd i modern tid

KIM NILSSON

Tryck och förlag: BoD

ISBN 978-91-7463-688-8

MITT LIV SOM UPPLYST kan beställas i onlineshops och i varje svensk bokhandel. Om budskapet tilltalar ditt hjärta så dela med dig av det. Upplys andra och sprid sanningen så att vi kan mötas i evigheten.

*Denna bok är tillägnad dig
och endast dig min älskade*

MITT LIV SOM UPPLYST

Författarens förord

Det här är en samling ord som erbjuds dig som en gåva från livet självt. Det är en berättelse som avslöjar vem du är och varför du finns. Det är en text som beskriver sanningen om allt i universum, varken mer eller mindre.

Oavsett din intention med att läsa boken så kommer din högsta önskan att infrias.

Du har mitt ord på det.

MITT LIV SOM UPPLYST

MITT LIV SOM UPPLYST

Innehåll

MITT LIV SOM UPPLYST

En indisk folkvisa beskriver det gudomliga som förenar religionerna på följande sätt:

I världshavets djupa famn rinner
bäckar stora som små
från många källor berg uppå
Många är namnen och orden
men människor från hela jorden
Böjer sig i ödmjuk skrud
inför världens ende Gud
Dock känd under så många namn

Jag är inte gömd i det höga eller låga
Inte heller i jorden, himlen eller på tronen
Detta är visshet, O älskade:
Jag är gömd i hjärtat hos den trogne
Om du söker mig, sök i deras hjärtan

Sri Sat Guru Harilal Poonjaji:

Skilj mellan det verkliga och det overkliga
Det kända är overkligt och det kommer och går
Så håll dig till det okända, till det oföränderliga, till
sanningen

MITT LIV SOM UPPLYST

Kapitel 1

Gud verkar ha dålig täckning

Hundraåttan svänger norrut ut på europaväg 14 och längst bak i bussen får livet formen av en smal gång, kantad av fönster mot omvärlden. Utanför ser jag inga änglar flyga fram, men jag ser ett Ragnarök i ruiner som får symbolisera samtiden. Tre medpassagerare drömmer om ett liv i överflöd, men ingen är vaken. En blåhårig tjej, jämngammal med min dotter, pratar i sömnen via sin vita Apple iPhone. Pastorn (som jag glömt namnet på), sitter på andra sidan livet och verkar koppla upp sig mot Gud med en läsplatta. Jag undrar om han har täckning för han ser bekymrad ut.

Några säten längre fram i livet sitter den pensionerade Fru Kruth och jag gissar att hon är på väg till Riksbyggens föreläsning om sophantering. Jag måste fråga henne vid senare tillfälle hur man sorterar en människa som tagit slut. Kan man kompostera hela kroppen eller innehåller den för mycket tungmetaller? Fast å andra sidan verkar samhället välja att kremera oss kollektivt genom arbetsrelaterad utbrändhet, så det kanske inte är något miljöproblem när allt kommer omkring.

Micchāmi dukkaḍaṃ

(Låt allt ont som gjorts vara fruktlöst)

Kapitel 2

Sanningen om Sanningen

Jag kan glädja dig med att säga att sanningen är enkel. Det krävs inga utbildningar eller erfarenheter för att förstå universum. Insikten om vem du är och varför du existerar har inget med klokhet eller intelligens att göra. Du behöver inte vara andlig eller djup som person för att kunna ta till dig meningen med livet. Det enda som behövs är en vilja att veta sanningen och modet att acceptera den. Har du viljan och modet så kommer du att få alla svar som du önskar. Det paradoxala (skenbart orimliga) är att om du saknar viljan och modet, så kommer du ändå att få alla svar behöver. Det finns nämligen bara en sanning.

Du är medvetande.

Här skulle jag kunna avsluta beskrivningen av sanningen, men det skulle antagligen göra dig besviken. Troligen för att du förväntar dig att sanningen ska vara mer svårbegriplig och komplex. Att den ska vara mer spektakulär, revolutionär och mystisk. Jag vill inte göra dig besviken, så jag ska utveckla din förståelse för vad sanningen är.

Sanningen är att du redan vet sanningen. Att inte förstå vad sanningen är betyder bara att du väljer att se sanningen från ett annat perspektiv, nämligen att du inte kan veta vad sanningen är om det inte finns en sanning. Så oavsett om det finns en sanning eller inte så förstår du den redan. Fundera

13

över detta resonemang, men bli inte besviken om du inte kan ta åt dig den paradoxala sanningen nu. Anledningen till att du läser denna bok är att du ska få andra perspektiv på sanningen, och jag kommer att erbjuda dig tillräckligt många perspektiv i den här boken för att du ska kunna uppleva den mystiska sanningen. Så var inte rädd för att misslyckas med att förstå buskapet i den här boken, för du har redan förstått budskapet oavsett om du förstår det eller inte.

Eftersom sanningen är paradoxal så det är sant att det inte finns en sanning. Det konstaterandet ger dig möjligheten att acceptera att det *inte* finns någon sanning eller att det finns *flera* sanningar. Men även om det *inte* finns *en* sanning, så är ju det en sanning i sig.

Jag kan avslöja att det finns flera sanningar, nämligen lika många sanningar som det finns perspektiv på sanningen. Men jag tänker inte linda in sanningen i fler svårbegripliga förklaringar, för du vet redan sanningen. Min avsikt är att ge dig möjligheten att kunna acceptera den. Och, återigen, om du inte accepterar den så är det sanningen från ditt perspektiv och det därmed *din* sanning.

Du vet sanningen.

Men sanningen räcker inte för att stilla din kunskapstörst, eftersom du vill veta mer om dig själv än att du redan vet sanningen. Så jag ska fortsätta att förklara vem du är, och vad medvetande är.

MITT LIV SOM UPPLYST

Kapitel 3

En självspelande verklighet

Tonerna till *17 Shades* förför mina öron när jag kliver av bussen vid Gustav III:s torg. Prästgatan är full av liv men jag ser inga präster. Jag fascineras av att folk inte springer in i varandra oftare än de gör, trots att de blundar för verkligheten. Det skulle behövas fler präster med trafikspadar som dirigerar gångtrafiken genom upplevelsen av livet.

Inte kyrkans präster som *tror på* gud, och avlönas med hjälp av kyrkoskatt, utan präster som *är* gud. Präster som har sanningen som arbetsverktyg istället för religionen och vardagen som arbetsplats istället för kyrkan.

Sakarja passerar Game och undrar vilken spelupplevelse som är bäst. Från hans perspektiv är 3D-grafiken och ljudet bra i *drömmen*, men karaktärerna är ytliga och det finns bara en nivå. *Sanningen* har oändliga möjligheter till utforskande och äventyr i tolv olika dimensioner, men har inte stöd för singel player.

Profeten ler för sig själv och vandrar vidare mot torget.

Humata, Hukhta, Huvareshta

(Goda tankar, goda ord, goda handlingar)

16

Kapitel 4

Sanningen om Medvetande

Medvetande är en förutsättning för vetande. Du har ett medvetande och du har redan en uppfattning om vad medvetande är, för utan medvetande hade du inte kunnat ha en uppfattning om vad medvetande är. Det spelar ingen roll hur du upplever medvetande, för *ditt* perspektiv på medvetande är vad *du* är medveten om. Och det du inte är medveten om kan inte existera utanför ditt medvetande.

Så sanningen är du redan är medveten om allt i hela universum, vem du är och vad meningen med livet är. För du är medveten om att du, universum och meningen med livet existerar.

Anledningen till att du inte *upplever* att du är medveten om allt i universum är för att du, paradoxalt nog, inte kan bli medveten om sanningen förrän du är medveten om vad som *inte* är sanning.

Återigen vill jag inte förvirra dig med ordlekar, jag vill bara låta dig förstå att du inte behöver något "annat" medvetande än det du redan har, för att veta sanningen.

Men jag är medveten om att du redan vet detta, så jag ska ge dig fler perspektiv på dig själv och vad du redan vet. Om du nu känner att du inte delar mitt perspektiv på vad som är medvetenhet, så är detta helt i sin ordning. Det paradoxala är att du inte behöver förstå för att förstå. Med andra ord så behöver du inte ha förståelse av din medvetenhet, för att vara medveten om din förståelse.

Men trots denna självmedvetenhet så ska jag fortsätta att förklara vem du är och vad ditt perspektiv på dig själv är, för du vill veta mer om dig själv än att du är medvetande.

MITT LIV SOM UPPLYST

Kapitel 5

En munk utan socker tack!

På Stortorget välkomnas solen av sextiofyra arbetslösa ungdomar på betongmuren intill teatern, men solen längtar inte efter en ljusare tid. Jag ser upp mot dockskåpet som är byggt i skala ett till ett, där Länsförsäkringar vill ge oss en tryggare framtid, trots att framtiden inte finns. Det är nästan så att jag hör den tysta trumman som dockorna bakom glasväggarna dansar efter. En takt som styrs av marknaden där gamla rallare längtar ut och hashtag unga twittrare längtar in, och där frihet omedvetet byts mot skuldebrev.

Vällukten från munkståndet påkallar min delade uppmärksamhet med sockrade frestelser som lovordar någon slags lycka. Resten av min uppmärksamhet betraktar drömmen om denna bok prydligt uppvisad i Akademibokhandelns skyltfönster, och jag anar vagt en osockrad munk i glasets reflektion. Munken ser bort mot Swedbank som tror på kraften i ett lokalt engagemang, trots att engagemanget inte kommer från hjärttrakten utan från aktieägares krav på avkastning.

Inledningen till *The One You Are Looking For Is Not Here* fångar munkens uppmärksamhet och den vakne av Śākya-klanen känner ilningar av välbehag genom sin inbillade kropp. Solen

20

och ungdomarna kommer med ljuset som den upplyste tar med sig dit han går härnäst.

Asato mā sad gamaya, tamaso mā jyotir gamaya, mṛtyor māmṛtaṃ gamaya

(Från det overkliga led mig till det verkliga, från det mörka led mig till ljuset, från död led mig till odödlighet)

Kapitel 6

Sanningen om Perspektiv

Ett perspektiv är ett förhållningssätt som du har till dig själv och eftersom du är medvetenhet, så är dina perspektiv delar av ditt medvetande som betraktar andra delar av ditt medvetande.

Du har inte mer kunskap om dig själv än du är medveten om och det du inte är medveten kan inte existera. Så för att veta mer om dig själv delar du upp ditt perspektiv till det som existerar genom att avskilja dig från dig själv. Det åstadkommer du genom att förlora helhetsperspektivet och detta upplever du som att du förlorar kunskap om dig själv – att förlora dig själv och glömma bort vem du är. Detta skapar en vetgirighet hos dig att ständigt vilja veta mer. Därför är upplysthet inget statiskt tillstånd hos dig, utan en ständig integration av nya perspektiv, och en manifestation (uttryck) av detta sökande efter upplysning uppenbarar sig just nu i formen av den bok som du läser.

Men sanningen är att du redan är upplyst, men du har valt att glömma det. Så paradoxalt nog är sanningen att du bara kan veta vem du är genom *inte* veta vem du är.

Eller ur ett annat perspektiv, genom att veta vem du *inte* är.

Men trots detta självperspektiv så ska jag fortsätta att påminna dig om vem du är genom att förklara hur du ständigt påminner dig själv.

22

MITT LIV SOM UPPLYST

Kapitel 7

Att skriva med ljus

Efter en kort vandring ner till Storsjöstrand sätter jag mig på träbänken intill Badhusparkens stenmur och ser ut över isen, bort mot en snötäckt fjällkedja som förlovar sig med molnen ovanför. Med tacksamhet tänker jag tillbaka min tid i Zmar och en Gurus ord om att tankar är som moln och medvetandet den oföränderliga himlen bakom.

Barn skriker av lycka i skridskoleken intill Sefanja, men de avbryts av föräldrarnas sociala förmaningar. En kall vind tar tag i trädets vinterkala grenar ovanför honom och han drar luvan på sin Oakleyjacka över huvudet. Samtidigt som han ser på etthundrafyrtiofyra människor som åker långfärdsskridkor så drunknar omgivningens ljud till *Into the White*. En lokal fotoklubb har samlats i Vinterparken och medlemmarna inspirerar varandra till att hitta nya perspektiv. Sefanja undrar om de glömt vad orden fotografi och upplysning har gemensamt.

Profeten märker hur uppslukade alla i parken är av drömmen som de kallar verklighet och han undrar när de ska vakna.

Sallā allahu ʿalayhi wa sallam

(Guds frid och välsignelser vare med honom och hans familj)

Kapitel 8

Sanningen om Separation

När du separerar dig från dig själv, kan du betrakta delar av dig själv likt en spegel som ur en given vinkel bara återspeglar halva ditt ansikte. Vilket öga du än väljer att observera dig själv med från den vinkeln, så ser du aldrig hela dig själv. Antingen ser du halva dig eller så ser du dig inte alls. Du förstår att du existerar eftersom att du kan se dig själv i spegeln, men intuitivt så förstår du att det finns en del av dig som inte reflekteras då spegelbilden försvinner helt om du blundar med ett visst öga.

Spegeln av ditt medvetande, är det du betraktar.

Utan betraktelse kan inget existera och utan existens finns inget medvetande. Och då *du är medvetande*, är allt du betraktar i livet en spegel av dig själv. Vartenda träd och varje sten, djur och människa, vartenda moln på himlen, vart språk och varje tanke är en reflektion av dig. Ordgrant så skapar du allt som existerar i ditt medvetande, utan undantag.

Den fysiska realitet som du upplever "utanför dig själv" finns inte annat än i ditt medvetande och din "inre värld" som omfattar känslor och tankar, är även den en skapelse i ditt medvetande. Medvetande är allt som existerar, och du är medvetande. Du är skaparen och det som skapas på samma gång. Du är allt som existerar men paradoxalt nog även samtidigt inget av det, eftersom du kan betrakta det.

Men denna förklaringsmodell av separation räcker inte för att du ska veta vem du är, för du att vill veta mer om dig själv än hur du vet mer om dig själv.

MITT LIV SOM UPPLYST

Kapitel 9

Hon separerade för sin frihets skull

Änderna samlas tätt där isen inte har mäktat med att lägga sig och jag fortsätter min pilgrimsfärd västerut över gångbron till Miyajima samtidigt som jag pausar *The Equinigma*. Vid brofästet så kommer jag ifatt en ung kvinna iförd blå burka som bär en tung kasse, märkt "Eko för alla", innehållandes en stor fisk från Willys,

Jona frågar ifall kvinnan vill ha hjälp med att bära kassen, men hon ser ut att bli rådvill av hans närmande och viftar avvisande med ena armen. Osäkerheten i hennes ögon vittnar om en kamp med Kamsas ondskefulla demoner och Jona kan inte låta bli att beundra henne för att hon valt att manifesterat en sådan utsatthet, så att hon kan likt ett eko kan reflektera sin frihet och växa.

Den fria kvinnan rättar till sin klädsel och försvinner bakom en djupblå Tipi. Illusionen av separation är en sträng läromästare konstaterar Profeten och fortsätter mot det heliga berget.

Bismillahi ar-Rahman ar-Rahim

(I guds, den barmhärtiges, den nåderikes namn)

28

Kapitel 10

Sanningen om Livet

Du är redan medveten om din egen existens genom separation. På ett lekfullt sätt har du valt att medvetengöra detta genom att spela ett spel med dig själv, ett spel som du kallar livet, som ger dig möjlighet att skapa olika upplevelser.

I detta livsdrama så upplever du ständigt vissa fenomen som fördelaktiga och andra som ofördelaktiga, beroende på vilket perspektiv du väljer. Dina upplevelser i livet är antingen emotionella (känslomässiga) sensationer, fysiska (taktila) sinnesförnimmelser eller abstrakta intryck som kanske inte är fullt så påtagliga (andliga). Genom dessa förnimmelser så erhåller du kunskap om vad du föredrar, men även vad du *inte* vill erfara. Du medvetengör med andra ord olika aspekter av dig själv genom att skapa preferenser (vad du föredrar).

Du söker kunskap om manifestationen som du kallar för verkligheten (och som jag kallar för drömmen), genom att betrakta alla fenomen ur ett delat perspektiv, för att sedan återförena dessa perspektiv och skapa ett nytt, högre perspektiv.

Drivkraften att ständigt skapa nya perspektiv och därigenom expandera ditt medvetande, kallar du för kreativitet och känslorna du förnimmer när du skapar är främst inspiration och lust. Du skapar en känsla av mening med livet genom att göra lustfyllda saker som bekräftar ditt autentiska jag.

Därför blir du lycklig när du passionerat skapar upplevelser i ditt liv som är i linje med ett nytt autentiskt perspektiv som skapas när dina tidigare perspektiv integreras med nya.

Meningen med ditt liv är att veta vem du är.

Du skapar livet genom att vara livet. Men trots att du redan vet meningen med livet så vill du även veta vad tid och rum är.

MITT LIV SOM UPPLYST

Kapitel 11

Hulda lämnar himlen för jordelivet

Vandringen uppför det heliga berget gör mig utmattad. Jag torkar svetten ur pannan och hoppar undan för en snowboardåkare. *The Words* ackompanjerar mina steg uppåt. En färgglad bygelliftare passerar mig i tron att han ska nå toppen av Sinai först, men jag drömmer inte som han gör, utan observerar mig själv utifrån när jag sätter en Stalefish i quarterpipen.

I utsiktens trapp mot himlen träffar jag en kvinna som känns bekant. Hulda ler mot mig och torkar bort resterna av en raw brownie från mungipan. Hon bor vid foten av Djebel Katharin, nära Frösöstenen och hon ber inte längre om förlåtelse fem gånger om dagen, för hon har insett att hon själv är Elohim. Hennes kloster är utbytt mot Videgårdens förskola och villkorslös kärlek är hennes ledstjärna, viskar profeten innan hon virvlar ner till Jorden igen.

I Faderns, Sonens, och den Helige Andes namn, amen.

Kapitel 12

Sanningen om Tiden

Du byter ständigt perspektiv eftersom du aldrig har en fast utgångspunkt för din betraktelse. Ungefär som en videokamera som använder en serie av stillbilder för att skapa illusionen av rörelse, så skapar du upplevelser av vad du kallar verkligheten genom att ditt medvetande hela tiden byter perspektiv. Och eftersom medvetande är allt vad du är och att allt du upplever genom ditt medvetande är du, så innebär det att du är *allt*. Det innebär att du intar alla perspektiv i hela universum *samtidigt*, men att du separerar dessa perspektiv genom att dela dig själv i flera delar.

Likt videokameran väljer du i ditt medvetande att spela upp sekvenser av perspektiv, en sekvens för respektive del av dig själv. Det är dessa sekvenser av perspektiv som du kallar för tidslinjer, eftersom de ger intrycket av separation av rum och tid. Dramat i varje tidslinje kallar du för liv och en serie av liv kallar du för reinkarnation.

Men varken tid eller rum existerar annat än i ditt medvetande. Upplevelsen av alla liv du har levt tidigare, ditt nuvarande liv och kommande liv, sker parallellt med varandra och samtidigt men du upplever dem från olika perspektiv.

Tiden finns inte.

Men trots denna fundamentala förklaring av tid och rum så ska jag fortsätta att beskriva vad den fria viljan är, för du har valfritt valt en fri vilja.

33

Kapitel 13

Profeten går på vatten

Pilgrimen vandrar vidare över kullar och genom dalar, förbi hus och hem och andra drömska kulisser av verkligheten. Han upplever realistiska möten med pensionärer och föräldrar, hundar, affärer och Statoil (som säljer mobilitet). Jag inser att vår möjlighet att förflytta oss, liksom allt annat drömstoff, begränsas av vår kollektiva uppfattning av vad som är möjligt. Så just nu liknar vår heliga, geometriska Merkebah förvånansvärt mycket Zlatans bil, eller ett kompromisslöst japanskt flaggskepp som inspirerats av en häst som rör sig och vågornas kraftfullhet.

Vi försöker att ge teknologin artificiellt liv och en själ med hjälp av inspirerande designspråk som "Soul of Motion". Men konstgjort liv är tidbegränsat och drömmen om flaggskeppet, börjar krackelera vid första amorteringen, servicen eller tekniska felutfallet.

Mitt i kriget stannar Amos till och ser sig om. Ammunitionen som används på det anrika slagfältet i Kärringbacken är snöbollar. Farao och hans landsmän är numerärt överlägsna så jag leder de hebreiska slavarna ut mot Frösö Strand och vidare mot Röda havet i ett försök att undkomma fångenskap.

Amos finner ledstjärnan Arctura i Öst och han vandrar på vattnet mot den förbjudna staden, med orden i *The Motives of the Machine* som inspirationskälla. Lämpligt nog är isvägarna öppna (Insha'Allah) och profeten återvänder till den vita parken.

Kapitel 14

Sanningen om Energi

Jag har berättat att du är medvetande och att medvetande är allt som finns, varmed du manifesterar allt som existerar.

Du är vad du kallar universum och allt i universum är olika former av energi som manifesteras genom ditt medvetande. Energi är medvetande som vibrerar med en viss frekvens och som uppkommer när medvetande möter medvetande. Men då medvetande inte är har någon kvalitet, så kan man utrycka det som att inget möter inget. Eller som rymd som möter rymd.

Manifestationen, det som uppkommer när medvetande möter medvetande, är en upplevelse i ditt medvetande som du kallar för energi. Energi kan ta sig uttryck i ett oändligt antal former och energi är det som speglas i ditt medvetande.

Med andra ord är energi en reflektion av dig.

Så du väljer att uttrycka dig själv genom att skapa och fenomenet du skapar är fysisk och icke fysisk energi.

Du är skaparen och skapelsen på samma gång.

Eftersom du är allt i universum kan du välja att skapa vad du vill, gränslöst och villkorslöst. Endast fantasin kan begränsa dig, ungefär som en canvasduk kan begränsa en målarkonstnär. Färgerna som du har tillgång till i ditt skapande kallar du för energi. Och energi kan aldrig ta slut eller förgöras, så dina resurser är obegränsade.

Du målar upp universum i ett konstant flöde av förändringar i ditt medvetande och desto mer medveten du blir om ditt skapande, desto större blir canvasduken som du skapar på.

Jag skriver *blir*, därför att du *upplever* dig som separerad från din skapelse och ju mer du målar desto mer inser du att du *är* skapelsen. Du upplever med skapandet att du återförenar de fragmenterade perspektiven av dig själv.

Alla uttryck i universum är olika former av energi.

Men skildringen av dig som skapare av all energi är inte tillräcklig för dig, eftersom din nyfikenhet på dig själv bara blir större och större. Så jag ska fortsätta med att berätta hur du skapar allt i hela universum (och även andra universa).

Kapitel 15

Kondoren har landat på solen!

Hosea passerar havsvidundret Rahav "draken i havet" som står avbildad i snö och is i parken och han fortsätter längs Storsjöstråket söderut mot den eviga solen. Lärjungens tankar vandrar till fenomenet i form av det kollektiva medvetande som benämns internet och hur mod och givmildhet i form av att dela sitt perspektiv, vidgar människans möjlighet till introspektion.

Soul to Sell sjunger till profeten när han närmar sig gamle bergstoppen Machu Pikchu. Till höger om Inkaleden ser han kondoren sträcka ut sina stora vingar och en randonéeåkare får god fart över den råmande isen.

Längs Bangårdsgatan möter jag en homosexuell man vid namn Aron, som slår följe med mig. Han kallar mig sin bror och berättar att han just kommit från Djebel Musa där han mött sig själv och fått närproducerade slaktoffer av Gud.

Jag gratulerar min bror till äktenskapet och hälsar honom farväl vid brinnande buskar utanför Granngården och går mot hållplatsen en gata upp. Profeten passerar Röda Korsets second hand butik och han undrar om kunderna där inne vet vad det välkända korset på skylten representerar.

Be-chol tsaratam lo tsar u-maleach panav hoshiam

(I all deras nöd var ingen verklig nöd, ty hans ansiktes ängel frälste dem)

Kapitel 16

Sanningen om Universum

Nu ska jag förklara hur du skapar varenda atom i universum, hur du skapar tid och rum, tankar, känslor och allt din fantasi kan någonsin kan komma på.

Föreställ dig en helt isolerad partikel. Denna partikel har inga referenser eller någon kontext (omgivning) att förhålla sig till, så den kan därför förflytta sig med obegränsad fart. Eftersom den kan röra sig obegränsat och med oändlig hastighet så kan den vara överallt på samma gång. Sanningen är att det bara finns en "partikel" i hela universum och den med sitt rörelsemönster skapar relationer till sig själv. Jag skriver *partikel* inom citationstecken, för det finns mig veterligen ingen bra benämning på denna del.

Du *är* denna "partikel" och beroende på vad du vill skapa så korsar du din egen bana olika många gånger på olika platser, vilket ger upphov till energetiska mönster som du kallar för energi. All energi manifesteras som frekvenser (vibrationer) i ditt medvetande och beroende på hur du väljer att följa ett visst mönster så blir "kvaliteten" på energin olika. Du kan skapa partiklar utan eller med massa beroende på förtätningen av energin.

En känd profet förklarade detta fenomen, fast med andra ord, i sin speciella relativitetsteori och den berömda formeln $E=mc^2$ säger dig att massa och energi är ekvivalenta (jämförliga).

I egenskap av den enda partikeln så kan du inte observera dig själv direkt, men du kan observera fenomen omkring dig. Därför har du (och kommer alltid att ha) en känsla av "jag" oavsett hur mycket ditt medvetande expanderar och du integrerar dig själv mot enighet. Du tror kanske att ditt perspektiv på dig själv som "jag" är falskt eller oupplyst, men sanningen är att du *vill* ha en separation från dig själv för att kunna betrakta ditt eviga och obegränsade skapande. Strävan efter att förlora jaget har ingen relevans och inget syfte, det utan kommer bara att skapa frustration hos dig när du "misslyckas" gång efter annan.

Att förlora egot är inte samma sak som att förlora jaget.

Men trots att jag återgivit hela universum så ska jag fortsätta genom att skriva om hur tankarna du skapat manifesterar upplevelsen av ditt liv.

Kapitel 17

Vem observerar medvetande?

Debora betalar för sin plats i livet och bussen styr ut i flödet mot kondorens Södermalm. Jag sätter mig längst fram i livet för jag vill nå himlen så snart som möjligt. Guds övervakande öga, i formen av en fisheye, stirrar på mig och jag ser mig själv på en monitor på instrumentpanelen. Mitt medvetande observerar att jag observerar mig själv, men frågan är vem som observerar att mitt medvetande observerar.

Profeten betraktar backspegelns reflektion och ser fler aspekter av henne, längre bak i livet. En ung man med dreadlocks sitter några stolsrader bort och ler tillbaka. Han är konstnär och han drömmer om bli en guru i Indien. Fru Kruth pratar i telefon om aluminium på rulle, brödpåsförslutare, bakformar, plastdunkar, sylthinkar men inte om hur själen återvinns.

En mamma som inte har sovit på länge, håller ihop sin familj som en herde. Hon vyssar sin minsta med orden Narasimha ta va da so hum, och hennes mantra fyller hela bussen med trygghet. Om det vita huset i väst kunde höra henne sjunga skulle världsfreden vara nära, tänker profeten.

42

आशायाः ये दासाः ते दासाः सर्वलोकस्य ।

आशा येषां दासी तेषां दासायते लोकः ॥

(Those who are the slaves of desire are slaves of the entire world. But the world itself is the slave of those to whom desire is a slave)

Kapitel 18

Sanningen om Tankar

Eftersom tiden inte existerar på riktigt, så finns redan alla tankar i universum i nuet. Du har redan skapat dem. Samlingen av tankar benämns på engelska för *akashic records*.

Som människa tänker du inte med din hjärna som du kanske tror, utan hjärnan är som en radiomottagare inställd på att registrera energi med vissa kvaliteter. Beroende på vad du önskar uppleva så ställer du in din mottagare (medvetandet) på den "frekvens" som passar din tanke. Medvetandet tar då ta formen av den energi som du tänker på. Detta axiom (naturlag) kallas för *lagen om attraktion*.

En tanke är en form av energi.

Men varför manifesterar du inte bara behagfulla upplevelser utan även sådana som du inte vill ha? Jo, därför att du endast är medveten om en del av dig själv som du kallar "ditt medvetna". Men det finns även en del av dig som du inte ser (som består av en samling aspekter av dig som du inte accepterar) och den delen kallar du för "ditt undermedvetna". Du förtränger aspekter av dig själv därför att du har en konflikt inom dig, som skapar två motsatta viljeriktningar. Du märker normalt inte ens av dessa konflikter, därför att du har förträngt dem, så du reagerar på situationer som triggar dem istället för att medvetet agera.

Den tydligaste förnimmelsen av att du har en konflikt är att det inte känns bra. Du kan känna ilska, sorg, uppgivenhet, du kan känna dig som ett offer, oinspirerad eller känna fysisk smärta. Konflikter skapar obalans, som utan undantag manifesterar sig på något vis i ditt liv.

Bakom varje viljeriktning, som är en mental konstruktion hos dig, finns en upplevelse som är antingen behagfull eller traumatisk. Så beroende på dina tankekonstruktioner, med andra ord vad du tror är sant, så manifesterar du de energier som du associerar med dina tankar. Och detta gör du miljarder gånger varje sekund så att du får en upplevelse av att "leva livet".

Var medveten om att *varenda* tanke du tänker fysiskt ändrar dina neurologiska hjärnbanor.

Men eftersom denna förklaringsmodell för hur dina tankar manifesterar ditt liv inte räcker för att stilla din nyfikenhet, så ska jag berätta mer om dina känslor eftersom känslorna är nyckeln till ditt fria skapande.

Kapitel 19

Ta allt jag inte har!

Livet stannar upp. Som kärleken absorberar hon den fria viljan och just nu uttycker hon sig som att den unge mannen med rastaflätor kliver av och en annan aspekt kliver ombord. En rakad man sätter sig några säten ifrån Jeremia, som frågar mannen vart hans hjärta finns och vem han är. "Mitt hjärta finns i gemenskapen hos de rena och inte hos den svage individen. Jag är kampen för en stat byggd på en blandning av gamla traditioner och tekniska nyheter och jag hävdar min rätt till mitt livsrum."

Profeten blir starkt berörd och en tår lämnar hans öga. Han tar loss tecknet för det självmanifesterade, från den rakade kämpens ärm och berättar att rasism och förföljelse inte är att låta det goda råda, som symbolen betyder.

Mannen blir arg och frustrerad, men lägger inte sin hand på Jeremia. "Du kan ta mina tecken ifrån mig men aldrig min integritet". Profeten håller med och betraktar svastikan. Han finner att lyriken *i Fear of a Unique Identity* beskriver roten till många, separerade perspektiv.

Satyam shivam sundaram

(The truth is both blissful and beautiful)

46

Kapitel 20

Sanningen om Känslor

De allra flesta av de tankekonstruktioner som du har, skapar du som barn och det är också som barn du anpassar dig som mest till din omvärld och upplever dina flesta trauman. Det är viktigt att du är lyhörd för dina känslor, för många av de upplevelser som har format tankekonstruktionerna som du har, är förpassade till ditt undermedvetna. Känslorna är därför en gyllene nyckel till ditt undermedvetna så att du kan upptäcka vem du är. Dina känslor pekar alltid ut den kompassriktning som du ska färdas i för att utvecklas. Med en förståelse för den psykologiska mekanismen bakom en tankekonstruktion, så kan du dissekera dina inre konflikter lager för lager.

Ju högre ditt medvetande vibrerar, desto friare kan du röra dig och skapa nya upplevelser som får dig att växa. Då dina känslor påverkar ditt medvetande direkt (kom ihåg att du byter perspektiv fler miljarder gånger per sekund) så påverkas din handlingsfrihet av dina känslor. Därför kan det vara svårt att manifestera det du vill enbart genom positivt tänkande om det finns en undermedveten, mental, konstruktion som skapar en konflikt till det som du vill skapa.

Om du inte är lyhörd för dina känslor och det finns en inre konflikt, som du undviker att acceptera, så kommer du förr eller senare att manifestera en händelse i livet som du måste ta ställning till. Det kan upplevas som orättvist att du inte själv får avgöra hur ditt liv ska utvecklas, men sanningen är det faktiskt är just det du får. Din känsla av orättvisa kommer från ditt ego, som är dina förträngda aspekter av dig själv och som du härbärgerar i ditt undermedvetna.

När man pratar om att följa sitt hjärta, bli av med sitt ego, kultivera sig eller, utveckla sitt hjärtchakra eller att vara sann mot sig själv, så betyder det vara lyhörd för sina känslor och ha modet att närma sig sina rädslor.

Det är rädslor av olika slag som skapar dina inre konflikter och vägen mot att bli av med konflikterna är att medvetengöra dem, och undersöka dem när de uppkommer. När man förstår vilken negativ tankekonstruktion som ligger bakom en rädsla, så kan man möta rädslan med ett nytt förhållningssätt (tankekonstruktion).

Bli inte besviken på dig själv om du tror att du konfronterat en rädsla hos dig genom introspektion (själviakttagelse) och sedan upplever du fortsätter att manifestera situationer som skapar samma rädsla. Lagen om attraktion fungerar så att du behöver utsätta dig för en liknande situation på nytt, för att genom handling kunna visa dig själv att du verkligen har förändrats. Annars har du bara förändrat dig på ett mentalt plan.

Om du vill att spegelbilden av dig själv ska le, så måste du själv le först. Känslan av tacksamhet har en hög vibration, så "håll din fästning" med insikten att du funnit din fiende (rädslan) så att du nu inte behöver bli överaskad av ett anfall. Känn tacksamhet för detta så kommer fienden att bli din bästa vän. Denna process för transformation kallas för Alkemi.

Men detta avsnitt om hur känslorna är nyckeln till ditt fria skapande väcker bara fler frågor om dig själv, så jag ska förklara hur du möjliggör skapandet av allt.

Kapitel 21

De orättfärdiga råder inte i Grytan

Utanför livet ser Nahum en ständigt föränderlig värld passera revy. Det enda som tycks vara konstant är förändringarna.

Isen på Röda havet på höger sida reflekterar den bättre sidan och till vänster passerar livet en kulle i Galileen, där barn åker Kick-ski. En familj från Beth Nahrain som tillfälligt bosatt sig i Grytan, kliver in i livet och profetens tankar vandrar till det Assyriska rikets fall.

Gud straffar aldrig någon för synd. Det är folket som kastar stenar och bestraffar. Det är folket som bestämmer om olja ska säljas för dollar eller euro. Det är folket som bestämmer till vilken grad man ska exploatera naturresurserna. Gud är barmhärtig och dömer inte "ondska, lögn, otukt eller trolldom". Det är i folkets hjärta som domarna faller och krigen startar, konstaterar profeten.

Föraren kollar på klockan men vet inte vad tiden är.

Do not be led by others, awaken your own mind, amass your own experience, and decide for yourself your own path

(Låt dig inte ledas av andra, väck ditt eget sinne, samla din egen erfarenhet och bestäm själv din egen väg)

MITT LIV SOM UPPLYST

Kapitel 22

Sanningen om Tidslinjer

Allt som existerar i hela universum existrerar i ett evigt nu. Det du upplever som gårdag och morgondag är bara olika perspektiv på nuet. Du kan likna din uppfattning av tiden som olika tv-kanaler, där programmet du ser på är nuet. Om du skiftar kanal så fortsätter fortfarande programmet du såg på i en annan kanal, även fast du inte kan uppfatta det. Istället blir du medveten om ett nytt program i nuet. Programmen i liknelsen symboliserar dina perspektiv till nuet, men alla möjliga perspektiv existenserar parallellt. Det är därför du "intuitivt" kan veta saker från som du inte minns att du upplevt i ditt liv. Händelser från förr eller föraningar om din framtid. Din intuition ger dig information som "läcker" mellan tidslinjer, med andra ord blir du medveten om dina parallella liv.

Detta betyder att ingenting i universum är fast och oföränderligt. Det som du uppfattar som "verkligheten" är egentligen oändligt antal verkligheter, eller möjliga verkligheter, där varje verklighet från ditt perspektiv upplevs som en tidslinje.

Jag har berättat om hur du genom dina känslor kan komma åt ditt undermedvetna och lösa de trauman som du fått från din barndom. Det som händer när du gör detta är att du byter verklighet och på så sätt förändrar det du som du kallar historien. Samma förhållningssätt gäller för framtida händelser i ditt liv, de är inte förutbestämda på något sätt. Genom din fria vilja kan du välja vilken verklighet du vill. Men du har en tankekonstruktion som gör att du inte tror på att du själv är skaparen, vilket begränsar dina möjligheter att forma nuet till vad du kallar framtiden. Så när du, exempelvis, blir spådd om framtiden, så ser mediet ett antal möjliga verkligheter som du kan manifestera baserat på dina nuvarande tankekonstruktioner. Eftersom du sällan ändrar dessa tankekonstruktioner är det möjligt för mediet att lyckas beskriva din framtid.

Självuppfyllande profetior fungerar på samma sätt, nämligen att du skapar en verklighet som någon annan förutsagt att du ska uppleva. Om du är förvissad att någon annan skapar din verklighet (gud, slumpen, ödet eller någon högre intelligens), så tror du att den verkligheten är möjlig och du har tilltro till mediet, så är utsikterna goda att manifestera profetior.

Du skapar din verklighet.

Att du är skaparen betyder inte att du kan förändra din omvärld. Den fortsätter att existera oförändrad oavsett vad du tänker, gör eller säger. Men beroende på vad du vill uppleva så förändrar du ditt perspektiv på den och byter därmed verklighet. Detta är en förutsättning för den fria viljan eftersom det annars enbart skulle finnas ett perspektiv.

Men denna förklaringsmodell för olika parallella verkligheter beskriver inte hur du kan välja mellan dem, så jag ska berätta mer om den fria viljan.

Kapitel 23

Olika verkligheter men samma liv

Kvinnan från Mesopotamien petar försiktigt på Jeremia och frågar om han mår bra. Jag tackar som frågar, men undrar varför hon vill veta det. Kvinnan ser på mig en kort stund, innan hon berättar att den rakade mannan tidigare varit aggressiv och hotfull mot mig.

Profeten ler och säger att han inte valt att manifestera situationen på det sättet. Kvinnan ser förbryllad ut, men verkar ändå lättad.

Fem unga män med stora mössor, och som verkar vara i min sons ålder, har avslutat skoldagen och passerar mig genom livet. De argumenterar högljutt kring samhällsvetenskapliga frågor och det gläder mig, för deras kloka och ifrågasättande röster behövs i riksdagen.

De inledande pianotonerna i *Into the White* iscensätter ett fantastiskt landskap av vibrationer och Jeremia följer varenda tråd i broderiet av toner. Han somnar till och återvänder till sig själv.

मन एव मनुष्याणां कारणं बन्ध मोक्षयो: ।

(Det är Din vilja som är ansvarig för begär eller frigörelse)

Kapitel 24

Sanningen om Den fria viljan

En förutsättning för att du ska vilja skapa din verklighet är att du har fria tyglar. För du vill inte ta ansvar för konsekvenser som du inte kan råda över. Känslan att inte kunna ta ansvar för din verklighet är grundorsaken till att du förstör planeten, startar krig, låter barn svälta och att du inte är den gud du vill vara.

Ditt enda villkor för att ta ansvar för verkligheten och stoppa allt lidande, är att du har en fri vilja. Jag kan meddela att ditt villkor är uppfyllt.

Du har en fri vilja.

Ta en stund och reflektera av detta konstaterande, för denna insikt är oändligt befriande. När du inser att du har all makt i världen att skapa din egen verklighet, så finns det ingen anledning till att skapa lidande. Lidandet är bara en manifestation av att du inte tror att du är gud. Du har skapat tankemekanismer genom din uppfostran, dina kulturella preferenser och dina erfarenheter i livet som har förbjudit dig att medvetet skapa din verklighet.

Religionerna är förmodligen vad som skapar de mest befriande och paradoxalt nog de mest destruktiva tankemekanismerna. Det ursprungliga budskapet i alla religioner är otvivelaktigt sant och befriande, för de pekar alla på att du är gud. Men tolkningen av det budskapet har förvrängts av individer och institutioner som känner att de förlorar makten att påverka sin egen verklighet. Det paradoxala i den fria viljan är att du måste släppa ifrån dig makten för att kunna få makten.

Du ger ifrån dig makten genom att acceptera att om du har en fri vilja så förutsätter det att *alla* har en fri vilja. För du är allt och alla i hela universum, inget skiljer något åt. Allt är en och samma partikel, alla är ett.

Det innebär att om två medvetanden har olika viljor så måste det existera utrymme för detta och det manifesterar sig i två verkligheter. Eller, om du vänder på resonemanget, så innebär det att endast två medvetanden med samma vilja kan uppleva samma verklighet. Så allt medvetande i din verklighet är ett ömsesidigt skapande, genom en fri vilja.

Du skapar din verklighet för att utforska dig själv och verkligheten som du upplever är en reflektion av dig själv. Därför berättar allt i din omgivning något om dig, beroende på hur du upplever din omgivning. Om du ser något vackert kan du njuta och känna tacksamhet för din manifestation. Om du upplever något som du inte föredrar så pekar det på ett trauma i ditt undermedvetna som du förträngt och som du manifesterar för att kunna bli medveten om.

Döm inte händelser i ditt liv som goda eller dåliga, eftersom de beskriver vem du är, och hjälper dig att skapa nya verkligheter där du kan uttrycka dig på ett sätt som är i linje med din expansion av medvetande. Ju ärligare du är mot dig själv, ju mer objektivt du förhåller dig till din verklighet och känner tacksamhet för ditt liv, desto mer kärlek och sinnesfrid känner du.

Men trots att du vet att du har en fri vilja, och att du kan skapa din verklighet precis som du vill, så är du nyfiken på hur du integrerar ditt medvetande med ditt högre jag för att på så sätt realisera upplevelsen av din verklighet.

Kapitel 25

En högre skådeplats

Profeten lämnar sig själv och kliver in i drömmarnas rike, där fantasin är härskare. Ett varmt ljus möter honom och leder honom förbi drömlandskap långt inuti i honom själv, där han kan se både forntid och framtid. Ängeln har långt mörkt hår och berättar att han ska vara modig som ett lejon. Att han inte ska ta för allvarligt på sig själv och att han håller på att hela sig själv i syfte att kunna hela andra.

Jag frågar var vi är och ängeln svarar "på ett medvetandeplan som du kallar den femte av dimensioner". Hon låter mig betrakta mina olika livsöden och de val som jag har gjort samt de jag kommer att göra. Sedan berättar hon att vi ska resa vidare mot ljuset.

Långt bort i bakgrunden hör jag tonerna från *Into the White* strömma genom mitt medvetande.

Abiit, excessit, evsit, erupit

(Han har gått sin väg, avvikit, flytt och försvunnit)

Kapitel 26

Sanningen om Ditt högre jag

Tankemekanismer är verktyg som vi skapar för att kunna anpassa oss till verkligheten och verkligheten är ditt medvetandes spegel för att kunna betrakta dig själv. Och du är inget annat än medvetande som synliggör aspekter av dig själv. Du är medveten om dig själv, men även att du kan bli mer medveten om dig själv (och på så sätt växa). Sanningen är att du expanderar hela universum när du växer, för det finns bara ett medvetande då du är hela universum. Men hur är det med andra människor, djur, träd och stenar, har inte även de medvetande? Jo de har medvetande, men det är samma medvetande som du har. Allt som existerar är medvetande utifrån olika perspektiv då du valt att separera dig från dig själv. Men separationen är skenbar och skapas med hjälp av din tankekonstruktion.

Om jag använder analogin med tv-kanalerna igen så är det totala utbudet av kanaler ditt medvetande, och det program som du för stunden tittar på är ditt perspektiv. Om du önskar se ett speciellt program så letar du reda på kanalen som sänder det önskade programmet och ser detta tillsammans med andra tv-tittare runt om i världen. Ni upplever samma verklighet trots att ni bokstavligen inte är i samma rum. Universum fungerar på exakt samma sätt. Trots att du din tankemekanism gör att du tror att andra människor, djur, träd och stenar som du delar din verklighet med upplever samma sak som du, så upplever de en helt egen verklighet. Allt i universum har en fri vilja och det uttrycker sig genom du har möjlighet till obegränsat antal perspektiv. Kanalutbudet i det som du kallar för ditt liv kommer att växa och växa ända till den dagen så du inte längre förmår att fantisera och skapa mer. Då återvänder du till dig själv och intar en ny utgångspunkt för nya perspektiv genom att glömma vem du är. Detta kallar du för reinkarnation.

Jag nämnde tidigare att det "läcker" information mellan olika tidslinjer. Det är som om du lyssnar på en radiostation som plötsligt tar in en annan överlagrad station. Ljudet blir mindre tydligt men du kan höra två stationer samtidigt. På samma sätt kan du ta in intryck från två verkligheter samtidigt. Och sanningen är att du gör detta hela tiden, du är bara inte medveten om det.

Eftersom du är den enda, allt som finns i hela universum så kan det också läcka information mellan alla perspektiv som finns i universum. Så på, en för dig, omedveten nivå vet du allt i hela universum och detta perspektiv kallar du för ditt högre jag (eller själ). Det är ditt högre jag som flödar information från ett högre medvetande till dig och detta kallar du för din inspiration. Och du reflekterar information tillbaka till ditt högre jag och detta kallar du för fantasi.

Du är ditt högre jag och uttrycker det genom att inte vara det, då du har separerat från dig själv. Uttrycket som du kallar för livet är en nödvändighet för att ditt högre jag ska kunna existera. Det finns inget som du måste, eller kan, göra för att bli ditt högre jag, eftersom du redan är ditt högre jag.

Du är redan upplyst, du behöver bara bli påmind om det och den processen kallar du för uppvaknade. Du vaknar upp från drömmen om att du inte är gud.

Rent fysiologiskt kommunicerar du med ditt högre jag via en utväxt stor som en halv ärta på mellanhjärnans tak och som kallas för tallkottkörteln. Tallkottkörteln representerar vårt sjätte chakra och kallas för Brahmas fönster, det himmelska ögat eller det tredje ögat. Den utsöndrar DMT, det ämne som frisläpps när vi ska drömma. Frisättande av DMT är förenat med mycket höga frekvenser av hjärnvågor i främre hjärnbarken och låga frekvenser i hjärnstammen (ända ner till deltavågor). DMT utsöndras rikligt vid "nära-döden-upplevelser" och meditation.

När du befinner dig i djupsömn så upplever du att jaget försvinner och det är för att ditt medvetande lämnar den verklighet som dina tankemekanismer kan hantera. När du sover integrerar du ditt medvetande med ditt högre jag. Du känner dig utvilad efter en natts sömn, eftersom dina tankemekanismer sätts ur spel (och därmed även de som bygger på rädslor, och som du har förträngt i ditt undermedvetna). När du återvänder till vakenhet så identifierar du dig med jaget igen, och med den identifikationen så börjar dina tankemekanismer återigen att manifestera din verklighet.

Dina rädslor är vad som begränsar ditt skapande och en av dina rädslor är rädslan för att dö. Så jag ska berätta mer om döden eftersom du vill veta hur du kan övervinna den och leva för evigt.

Kapitel 27

Jag vill sjunga för haven!

Ett obeskrivligt ljus närmar sig det som en gång var en profet, och därmed försvinner alla referensramar. Jag hör ängelns röst säga "Nähdä taas sopia" men det låter som att rösten kommer från mig själv.

Remiel omsluter allt och jag kan inte skilja på mig själv och ljuset runt omkring mig (och ljuset inuti mig). Upplevelsen av olika livsöden, planeter som skapas och går under, solsystem och galaxer som kommer och går strömmar genom mitt medvetande. Universum som expanderar till ingenting och världsalltet som omformas till ljus. Ljuset blir till information och information blir till ljus på en och samma gång. Upplevelsen tonas ut och allt bara är.

Jag är.

Så träder formen fram igen och alltet rör sig i en spiral, ljuset skiftar färg och ersätts av galaxer och solsystem. Medvetandet fokuserar och jag kan betrakta jorden. Jag ser den vackra planeten flyga fram genom rymden, och en enorm kärlek väcks inom mig. Jag längtar hem för till att få kyssa gräset, krama träden och sjunga för haven.

MITT LIV SOM UPPLYST

Aham Prema

(Jag är kärlek)

Kapitel 28

Sanningen om Döden

Om allt du känner till skulle sluta att existera när du dör, så är dit liv meningslöst. Du utsätter dig ständigt för prövningar i det som du kallar för vardagen utan att riktigt veta varför du gör det. Ditt logiska tänkande kan inte besvara frågan varför du skapar lidande, därför att dina tankemekanismer bygger på att du inte har en fri vilja (och att du inte vet vad som väntar när du dör).

Men ditt högre jag vet allt detta. Så du försöker på alla sätt som du kan med att påminna dig själv om vem du är och vad meningen med livet är. Du känner intuitivt att någon eller något försöker berätta sanningen för dig, men du vet inte riktigt hur du ska lyssna. Denna längtan att veta uttrycker sig som ett andligt sökande, oavsett om du väljer att göra det i formen av exempelvis downhill cykling, fiske, trädgårdsarbete eller yoga.

Cyklingen han vara ett uttryck för att testa dina gränser både fysiskt och mentalt, för att se vad du klarar av att manifestera. Eller så kan det vara ett sätt att möta dina rädslor för fysisk smärta. Eller ett sätt att uppleva naturen från ett annat perspektiv.

Passionen för fiske kan uttrycka en önskan att jorda dig genom att utmana naturens väder, att försöka läsa av strömmarna i en bäck eller att känna friheten att kunna skaffa föda på ett naturligt sätt. Det kan också vara en längtan efter att få vara ensam och avskild från ditt vardagsliv en stund. För att kunna få perspektiv på ditt liv.

Trädgårdsarbete kan skänka dig känslan av att ta hand om moder jord och förstärka känslan av trygghet genom att vårda ditt hem.

Yoga kan vara ditt sätt att ta hand om den aspekt av dig som du kallar din kropp. Den kan ge dig förståelse för hur holistisk du är, och ge dig sociala kontakter med andra sökare.

Det andliga sökandet är ett uttryck för att förstå vem du är.

Eftersom ditt liv är en dröm är även döden det. Det är viktigt att inse detta för att du ska kunna ta ansvar för manifestationen av din egen verklighet. Du är medvetande och medvetandet kan aldrig upphöra att existera. Tiden konsumerar allt i sin väg utom just medvetande. För tiden kan inte finnas utan medvetande.

Du är odödlig.

Det du kallar döden är bara ett perspektiv av dig som du väljer bort till fördel för ett annat perspektiv. Ditt medvetande innehåller allt som existerar och då medvetande existerar för evigt så kan du inte upphöra att finnas. Ditt högre jag vet detta och därför strävar du vidare i livet oavsett om du är ateist, antiteist, teist eller agnostiker. Vare sig du tror på reinkarnation eller inte.

Om livet vore meningslöst skulle du inte leva.

När ditt högre jag bestämt sig för att byta perspektiv så kommer du att manifestera en händelse, i formen av en olycka, sjukdom, ett mord eller en så manifesterar du vad du kallar en naturlig död.

Så länge som du är i linje med ditt högre jag så kommer du att ta emot inspiration till att uppleva nya perspektiv på livet, i syfte att expandera ditt medvetande. Ju närmare du är ditt högre jag, det vill säga att du lever från ditt hjärta och uttrycker dina drömmar i livet, desto starkare blir din livslust. Och, omvänt, ju längre ifrån ditt högre jag du är, desto mer kommer dina rädslor att manifesteras i din verklighet som en påminnelse om vem du inte är. Men du kan varken göra rätt eller fel i livet, det är bara fråga om vilka perspektiv som du intar med din fria vilja.

Om du skulle välja att ta ditt eget liv så skulle ditt perspektiv förändras, men du skulle inte lära dig något nytt om dig själv. Så oavsett vilket nytt perspektiv du skulle inta så skulle du manifestera samma utmaningar som i tidigare liv. Så det skulle vara lämpligare att be om hjälp att hitta ett svar på varför du valt att manifestera din verklighet som du gör. Skulle du inte hitta någon person att rådfråga så är rådet att be ditt högre jag om hjälp och sedan vara lyhörd. För dina böner skulle bli besvarade, på ett eller annat sätt. Universum har nämligen inget annat val, eftersom du har en fri vilja.

Men du skulle behöva vara öppen för sätt du skulle manifesterar svaret på, eftersom dina tankemekanismer inte kan föreställa sig svaret. Dina undermedvetna tankemekanismer är nämligen orsaken till varför du har manifesterat din verklighet på just det sätt som du valt.

Så om du går i självmordstankar så var modig, stanna i hjärtat och ge inte upp. Ditt högre jag vet exakt vad du går igenom och vad du behöver. Om du upplever att smärtan är för stor, så be dig själv om lite andrum. Var tacksam för att du är dina skuggsidor på spåret, för nu kan du ta reda på vem du verkligen är.

Orsaken till att du valt en svår väg är för att du vill hitta hem så snabbt som möjligt. Vet att änglar och andra entiteter alltid finns vid din sida och de beundrar dig för den väg du valt, för ju mer separation du upplever nu desto större blir friheten och lyckan när du bryter igenom dina utmaningar och inser att du inte är separerad alls.

Du är redan perfekt som du är i alla aspekter, för alltid, och du är mer älskad än du någonsin kan föreställa dig.

Men trots att du vet om att du är odödlig så vill du veta mer om hur du blir upplyst i detta liv. Så jag kommer att berätta allt som du behöver veta för att bli ett med ditt högre jag.

Kapitel 29

En lovsång till Gaia

(Ängeln sjunger)

Vi är tacksamma för riklig sanning

Vi är tacksamma för evig kärlek

Vi är tacksamma för härlig hälsa

Vi är tacksamma för frihet från fruktan

Vi är tacksamma för det stora utbudet av resurser

Vi är tacksamma för uthållighet av fysisk och andlig styrka

Vi är tacksamma att vi kan se framtiden genom det nya i varje dag

Vi stämmer in i härliga låtar av beröm
med alla varelser på vår Moder Jord
och tacksägelse för det rika liv som är vårt.

Kapitel 30

Sanningen om Integration

För att veta mer om dig själv så behöver du bredda ditt perspektiv på dig själv, genom att införliva eller integrera fler aspekter av dig själv. Du byter perspektiv miljarder gånger per sekund och för att bli medveten om flera perspektiv samtidigt så riktar du ditt fokus mot det som du vill uppleva med en önskan om att uppfatta det ur flera aspekter. Ju bättre du kan förstå olika aspekter av ett fenomen eller en händelse, och godta alla aspekter som lika viktiga, desto bättre kan du integrera dessa till ett nytt perspektiv (men ändå behålla alla aspekter). Bara för att du godtar att de är lika viktiga från respektive perspektiv så betyder det inte att du är förhindrad från att ha en preferens. Du föredrar utan att döma eller exkludera något. Den fria viljan medger och universum har utrymme för ett oändligt antal preferenser.

Ditt medvetande kan du visuellt föreställa dig som en cirkel, där centrum är ditt högre jag och cirkelns utkant är vad du inte är. Däremellan finns en gradvis förskjutning av vibrationer, som du upplever som exempelvis känslor. En annan analogi är att tänka dig en spiral, med samma utgångspunkter. Ditt högre jag är i mitten och ju längre ut från centrum desto lägre frekvens har ditt medvetande.

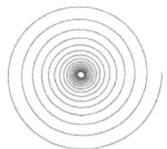

I centrum håller ditt medvetande en frekvens som motsvarar känslan av upplysthet och sedan, med fallande skala, så följer frid, lycka, hänsyn, acceptans, vilja, neutralitet, mod, stolthet, ilska, begär, rädsla, sorg, apati, skuld och till slut skam (som ligger längst ut i din medvetandesfär).

När två perspektiv möts och integreras så flyter två medvetandesfärer samman, men bara så mycket som frekvensen tillåter. Om du har ett perspektiv där du räds att anta en ny aspekt, så kommer du bara att integrera en del av ditt medvetande. Om du försöker integrera skuld, som har ännu lägre vibrationer, så blir det ännu mindre av ditt medvetande som integreras. Endast en del längst ut av din sfär. Om du däremot bemöter en ny aspekt med acceptans, så integrerar du betydligt mer av de bägge perspektiven.

Lagen om attraktion säger att du attraherar samma vibrationer som du själv håller.

Kom ihåg att du inte behöver acceptera att andra aspekter är vad du föredrar. Acceptans innebär att du godtar att andra aspekter är rätt utifrån andra perspektiv. För att kunna göra det måste du först förstå andra perspektiv.

Jag hoppas att denna analogi kan förklara varför du inte bör döma några aspekter av livet, utan hellre försöka förstå dem. Ju högre frekvens du kan hålla desto snabbare expanderar du ditt medvetande.

Var nyfiken med integritet, utforska nya perspektiv och vet att universum rymmer en oändlig mängd av dem. För du är oändlig, och du är universum. Alla perspektiv är aspekter av dig själv.

Men trots att du vet hur du integrerar ditt medvetande så vill du veta mer om varför du inte förmår att hålla en hög vibration för jämnan. Du har nämligen ett ego som påverkar din möjlighet att upptäcka dig själv. Så jag tänker berätta mer om du blir vän med ditt ego.

Kapitel 31

Nirvana från första parkett

Med stor vördnad ser jag ängeln utstråla ljus och villkorslös kärlek över hela planeten. Över berg, hav och land. Utan åtskillnad eller förväntningar så skänker hon energi åt alla besjälade ting och varelser på jorden. Plötsligt inser jag att ljus är information, det högsta språk som kommunicerar inom medvetandet. Att kärlek är kreativitet och den inspiration samt drivkraft som omvandlar möjligheterna som finns i ljuset till skapande. Då kärleken är evig är också skapandet evigt och allt skapande sker i medvetandet som härbärgerar all existens.

Jag gråter av lycka när jag inser att jag är en del av denna fina skapelse och jag inser vilket oändligt kärleksfullt universum som jag är en del av. Jag förstår att allt lidande som jag upplever är ett resultat av min tro på att jag är separerad från källan av kärlek. Om jag separerar mitt medvetande från allt annat, så är jag inte en del av universums dans. Det är så enkelt och uppenbart från detta perspektiv, och jag undrar om förståelsen kommer att bestå när jag återvänder till min vardag.

Så slår det mig igen. Jag *är* ängeln framför mig. Jag är planeten och stjärnorna runt om. Jag är bergen, haven, skogen, trädet i skogen och även fågeln i trädet, som jag besjunger och lyser över.

Allt stannar upp och jag känner en underbar fridfullhet.

Kapitel 32

Sanningen om Egot

Du vet vem du är genom att upptäcka vem du inte är. Du är medvetande, och den manifestation som närmast kan beskriva dig är kärlek. Vad du inte är, är sålunda avsaknad av kärlek. Du identifierar vad du inte är genom att känna rädsla. Dina rädslor bygger på tankemekanismer som du associerar med destruktiva upplevelser som inte är i linje med ditt högre jag. Eftersom du är manifestationen av kärlek så strävar du ständigt efter att uppleva kärlek i livet, eftersom kärleken leder dig tillbaka till dig själv.

Från det att du är nyfödd så observerar du din verklighet och skapar ditt eget perspektiv till dig själv genom att tolka vad kärlek är. Som barn så tolkar du din omgivning genom uteslutande känslomässiga intryck, men ju mer din hjärna utvecklas så börjar du skapa rationella tankemekanismer som gör att du kan känna igen din tolkning av kärlek. Dessa tankemekanismer kommer att skapa din verklighet utifrån dina medvetna tankar och handling och dina undermedvetna tankar och handlingar. Dina medvetna tankemekanismer kan du hantera genom ett rationellt resonemang.

Men dina undermedvetna tankemekanismer triggar ständigt känslor, tankar och handlingar hos dig som du *tror* att du har kontroll över. Så när du manifesterar saker i din verklighet som du inte uppskattar så känner du ilska, sorg eller rädsla. Du känner rädsla när du upplever dig hotad eller utsatt på något sätt. Ilska känner du när du upplever dig som förhindrad att komma dit du vill eller, när du upplever dig kränkt. Sorg känner du när du upplever en förlust.

Ditt ego är din bästa vän på din väg mot upplysning.

Dessa känslor är dina indikatorer på att ditt ego kan lära dig något om dig själv, då du har manifesterat dem och reagerat på dem. Om du upplever ilska, sorg eller rädsla så reflektera över varför du manifesterat en situation som triggar denna känsla. Associerat med känslan finns ofta en tankemekanism hos dig som behöver ifrågasättas.

De flesta av dina trauman kommer från barndomen och som barn hanterar man sina intryck *känslomässigt*. Därför är det inte säkert att det finns en tankemekanism bakom din känslomässiga reaktion som behöver förändras. Iså fall är det snarare energin bakom den känslomässiga upplevelsen som behöver konfronteras; ställ dig då frågan när du upplevde denna känsla för första gången i ditt liv.

Det är inte säkert att du får ett tydligt mentalt svar på en situation eller ett tillfälle, men ditt högre jag kommer energetiskt att ta dig till den tidslinje där du skapat traumat. Utan förväntningar, gå in i känslan som du har och beskriv den. Använd attribut som färger, smaker, former, ljud och taktila upplevelser som värme, kyla och tryck, för att sätta ord på känslan. Följ den som en jägare tills du inte längre kan förnimma den.

Ditt ego är ingen fiende och inget som du ska försöka bli av med. Om du försöker göra dig av med egot kommer det att ha en större påverkan i ditt liv. För om egot blir utslängt så kommer det alltid att smyga in bakvägen via ditt undermedvetna. Var istället tacksam för att du är medveten om egot och att du har ett verktyg som du kan använda att upptäcka dig själv med. Ju bättre du förstår dig själv desto mindre kommer ditt ego att påverka din verklighet. Egot finns hos dig för att du ska överleva, och det kommer att fungera som en rådgivare för resten av ditt liv. Det viktiga är att ditt högre jag fattar dina beslut, inte ditt ego.

Ditt högre jag når du via ditt hjärta.

Nu har du fått förklaringen till vad ditt ego är och hur du ska förhålla dig till det. Men för att du ska kunna känna till hur du når ditt högre jag genom ditt hjärta, så ska jag berätta mer om nyckeln (som är villkorslös kärlek).

MITT LIV SOM UPPLYST

Kapitel 33

Levern i deponi, tack!

Ängeln talar till mig igen "Se on aika palata", jag vet inte vad orden betyder men förstår budskapet. Det är dags att återvända till livet. Till den aspekt av mig själv som är på den fantastiska plats som kallas för jorden. Jag har återigen blivit påmind om jag varför jag valt att födas här och jag är fylld av tacksamhet och kärlek.

Profeten vaknar upp med ett ryck. *Into the White* klingar ut, så tydligen har han bara sovit några minuter.

Fru Kruth kommer fram och frågar profeten om han vill ha en folder om sopsortering. Han avböjer artigt och frågar henne hur man sorterar en avliden människa. Hon blir förnärmad och tror antagligen att profeten driver med henne.

Vilket jag gör, för jag tar inte så allvarligt på mig själv längre.

यत्र नार्यस्तु पूज्यंते रमंते तत्र देवताः ।

यत्र तास्तु न पूज्यंते तत्र सर्वाफलक्रियाः ॥

(Där kvinnor dyrkas, bor gudomligheter. Där de inte dyrkas är alla handlingar fruktlösa)

78

Kapitel 34

Sanningen om Kärlek

Den enkla förklaringen är att du är kärlek. Följaktligen är allt som du *inte* är, inte heller kärlek. Men du vet redan allt om kärlek, så jag tänker berätta om vad som inte är kärlek. Alla intentioner som utgår från ditt ego är inte kärlek, för egot gör ingenting utan motivation eller villkor. Även om en tanke kan upplevas som kärleksfull, så finns det en annan tankemekanism eller energi bakom, ifall det finns ett villkor kopplat till tanken, hur fin den än är.

Ta exempelvis en miljöaktivist som hedervärt arbetar ideellt för en hållbar balans mellan människa och miljö jorden runt. Det kan finnas en kärleksfull tanke bakom ett sådant åtagande, men sannolikt finns det även andra tankemekanismer som fått aktivisten att engagera sig i organisationen. Ofta är det en känsla av maktlöshet som gör att man vill engagera sig och visa att man inte accepterar orättvisor eller missförhållanden. Varför manifesterar aktivisten över huvud taget miljöförstöring när det finns en fri vilja?

Ditt ego är mästare på förklädnader och att ge intrycket av att av att du utför en kärleksfull handling genom att aktivera dig i, exempelvis, miljöfrågor. På det viset så kan ditt ego förleda dig från att rannsaka ditt hjärta ytterligare och ifrågasätta varför du manifesterar oljeutsläpp, klimatförändringar, skövling av skog, giftutsläpp och genmanipulerade organismer. Jag påstår inte att det är fel att engagera sig i orättvisor eller missförhållanden, men det gäller att ifrågasätta dina motiv till det.

Kärleken är inte en yttre kraft som du måste göra dig förtjänt av. Som barn lär du dig tidigt de spelregler och normer som du måste följa för att få ta del en av yttre kärlek.

Inom inlärningspsykologin kallas detta för förstärkning, när du belönas för att du följer normerna, alternativt belönas om du undviker att bryta spelreglerna. Men förstärkning och andra former av så kallad instrumentell inlärning (exempelvis bestraffning) sätter alltid villkor, vilket gör inlärningen kärlekslös även om intentionen kan vara god. Då vårt samhälle i regel präglas av instrumentell inlärning kan det vara svårt för dig att avgöra vad som är en kärleksfull handling och inte. Därför måste du börja med att älska dig själv villkorslöst, så att du kan avgöra vad äkta kärlek är.

Jag älskar dig gränslöst och i all evighet.

Nu ska jag beskriva skillnaden mellan godhet och ondska, eftersom det finns ett samband mellan kärleken till dig själv och det du kallar gott och ont.

MITT LIV SOM UPPLYST

Kapitel 35

Drömmen att få träffa sig själv

Malaki reflekterar över sin dröm. Känslan av den otroliga kärlek som mötte honom i ljuset, berör honom fortfarande. Han har svårt att minnas tydligt när ängeln lämnade honom och ärkeängeln tog vid för att visa honom allt högre medvetandenivåer. Det kändes som att han suddades ut och *blev* ljuset från ängeln

Det var en underbar känsla som drog honom mot ljuset, en känsla av tillfredsställelse – nej, bortom tillfredsställelse, något han aldrig upplevt tidigare – som förmedlades med ljuset, en känsla som närmast kan beskrivas som rofylldhet, lycka och villkorslös kärlek. Han hade trott att det skulle vara skrämmande att förlora sig själv, men med upplevelsen kom också insikten att man aldrig upphör att existera. Allt är bara medvetande på olika plan, och alla plan är lika vackra, rika och fulla med kärlek. För allt innehåller Den Enda, något som han redan visste men aldrig upplevt så tydligt tidigare.

Profeten minns det extatiska tillstånd som – inget – befann sig i när alla former upphörde att existera och allt bara var. Upplevelsen av "jag är" var fundamental, och så mycket större än han kunnat ana. Han förstår att Ramiel var ett sändebud från honom själv, för att visa att allt medvetande är ett.

Jag knyter om ett skosnöre som gått upp, ser upp och inser att jag snart är framme i Mecka.

Atmo deepo vabah

Atmo sarana vabah

Ananya saranah vabah

(Upplys din själ likt en lykta och ta tillflykt i ditt medvetande. det är bästa vägen att följa)

Kapitel 36

Sanningen om Ondska och godhet

När du separerar dig från dig själv, så delar du också upp dig i olika aspekter som gör att du kan betrakta dig själv ifrån olika perspektiv. Samtliga aspekter kan anta två dualistiska motsatser som, exempelvis, ljus och mörker. För att förstå ljus behöver du uppleva mörker som frånvaro av ljus.

Inga aspekter har en inneboende kvalitet såsom rätt eller fel, gott eller ont. Det är endast perspektivet som avgör om en upplevelse är konstruktiv eller destruktiv. Det du upplever som gott och ont upplevs på det viset utifrån ditt begränsade perspektiv.

Döm inga aspekter av livet. Godhet och ondska existerar inte, de är uttryck för perspektiv som du kan välja mellan

Ibland kan ditt högre jag "lura" dig till att göra något för att du ska förflytta dig i någon riktning. Du kan manifestera en händelse i ditt liv som du upplever som destruktiv, tills det en dag visar sig att händelsen gav dig ett nytt, och mer kreativt, perspektiv.

Du skapar själv din verklighet, vilket innebär att du från ett högre perspektiv alltid manifesterar det som är mest frigörande för dig, om du kan förhålla dig rätt till det du manifesterar. Ha tilltro till universums förmåga att utveckla sig i rätt riktning oavsett hur saker och ting kan föreställa. Du kommer alltid att möta utmaningar i livet, men det är hur du bemöter dem som avgör om de kommer att bestå eller lösas.

Om du väljer att tro på en ond värld så kommer den att uttrycka sig ond för dig, för du har en fri vilja. Var uppmärksam på vilka intryck du väljer att ta till dig genom media, filmer, spel, internet och andra informationskanaler. Kan du förhålla dig rätt till all information du exponeras för utan att döma eller påverkas i någon riktning?

Om du intresserar dig för utom- eller inomjordiska varelser som förslavar det mänskliga kollektiva medvetandet, som manipulerar din mat, din tandkräm och som sprider kemiska substanser i atmosfären, så kommer detta att manifestera sig som en verklighet för dig. Om du välkomnar nya intelligenser som kan hjälpa dig att inse vem du är och att vidga ditt medvetande, så kommer du att manifestera detta.

Även om det kollektiva medvetandet föredrar en viss utveckling, exempelvis ett tredje världskrig, så behöver du inte skapa denna verklighet. Jorden har också ett medvetande och oändligt antal parallella tidslinjer, så om du vaknar upp och agerar utifrån ditt hjärta så behöver du inte oroa dig för jordens framtid.

Kom ihåg att det finns oändligt antal tidslinjer och att du har en fri vilja, så vilken verklighet du än väljer så kommer du att uppleva det som du önskar, om det är i linje med ditt högre jag.

Och om du befinner dig i en valsituation där du inte vet vad du ska välja, så kommer ditt hjärta alltid att avslöja sanningen om vilket val som är det rätta för dig. Lägg aldrig makten att välja åt dig själv i händerna på någon annan, hur klok och kärleksfull denna individ än förefaller att vara.

Kapitel 37

Livet avstannar efter det näst sista kapitlet

Den assyriska kärnfamiljen lämnar livet vid korsningen till gamla Fyrtiofemman och vinkar till kvinnan bakom ratten. Hon nickar belevat tillbaka, kisar mot den låga solen och sätter på sig nya ögon från Maui Jim.

Hesekiel känner en ingivelse att skriva en bok och han kontemplerar budskapet. Att träffa människor och samtala om universum har alltid inspirerat honom och han känner att tiden är inne att börja samtala om medvetande för medvetande.

Jag tar på mig min safirblåa färdmantel från Oakley och ser åter ruinerna efter Ragnarök, men fortfarande inga änglar flyga utanför. Trummorna i Last Light får mig att jamma med händerna mot mina knän och profeten konstaterar att boken är färdigskriven.

Den sittande indianen ser Buffalo närma sig och livet avstannar helt.

Viam inveniam aut faciam

(Jag skall finna en väg, eller skapa en)

86

Kapitel 38

Sanningen om Dimensioner

Den verklighet som du relaterar till en är en fysisk, tredimensionell, värld med atmosfär och gravitation, hav, skogar och städer. Du har hört talas om andra dimensioner men kanske inte riktigt förstått konceptet med parallella universa.

De tre dimensionerna (som du uppfattar som din omvärld) skapar det som du beskriver som rummet. Den fjärde dimensionen benämns inom fysiken som *tid*, men du har just fått beskrivet för dig att tiden inte existerar. Så vad är då den fjärde dimensionen? Den är en energetisk "ritning" av dig och den tredimensionella verkligheten. På ett annat medvetandeplan så kan den fjärde dimensionen beskrivas som den tidslinje som du uppfattar som ditt nuvarande liv.

Jag har tidigare förklarat att du skiftar tidslinjer flera miljarder gånger per sekund och den *femte* dimensionen kan beskrivas som alla de möjliga tidslinjer som du kan uppleva, utifrån vad du kallar ditt nuvarande liv. Denna dimension innehåller information om samtliga val som du kan göra i detta liv. Du kan, med andra ord, följa en potentiell tidslinje i syfte att se vad som händer i den femte dimensionen, varför ditt högre jag alltid vet ditt bästa.

Den sjätte dimensionen innehåller information om alla de möjliga tidslinjer som du upplevt tidigare, upplever nu och kommer att uppleva. Jag har tidigare berättat att tiden bara är en illusion och att det bara är nuet som existerar. Förklaringen av dimensionerna blir därför paradoxal att beskriva utifrån ett tidsperspektiv, men din hjärna förstår antagligen det konceptet bäst. Så i den sjätte dimensionen kan du hämta perspektiv från tidigare liv (och även kommande liv). Notera att du inte kan säga att du *är* en viss tidslinje, därför att alla tidslinjer existerar parallellt så allt handlar om vilket perspektiv du utgår ifrån.

Ett sätt att föreställa sig fjärde, femte och sjätte dimensionen visuellt är att tänka sig en sfär. Den fjärde dimensionen är ett streck som startar någonstans i sfären och slutar på en annan plats. Detta är din tidslinje som du upplever nu. Den femte dimensionen är som ett träd som börjar vid samma punkt som den fjärde dimensionen, men som förgrenar sig i lika många grenar som du har valmöjligheter i livet. Varje förgrening skapar ett nytt perspektiv och livsöde. Den sjätte dimensionen fullkomnar sfären genom att skapa en ny startpunkt för varje liv, du lever och innehåller därför nya tidslinjer för den fjärde och femte dimensionen. Du kan uppleva ett oändligt antal perspektiv inom din medvetandesfär.

Därför är du ordgrant alla människor du möter, men det som du identifierar som "jag", väljer ett unikt perspektiv att betrakta "dig själv" ifrån.

Den sjunde dimensionen innehåller tidlinjen för detta universum så som du känner det, på samma sätt som du föreställer dig din egen tidslinje i den fjärde dimensionen. Visuellt kan du föreställa dig att sfären som innehåller den fjärde till sjätte dimensionen, kollapsar till en punkt och att det är denna punkt som förflyttar sig längs tidlinjen i den sjunde dimensionen.

Den åttonde dimensionen innehåller informationen om samtliga möjliga tidslinjer som detta universum kan välja mellan i dess nuvarande form. Jag skriver välja, därför att varje dimension har en egen medvetenhet och fri vilja. Du kan visuellt föreställa dig den åttonde dimensionen på samma vis som den femte, det vill säga ett träd som förgrenar sig.

Informationen i den nionde dimensionen omfattar samtliga möjliga tidslinjer som detta universum antagit i denna form, men även tidigare och i framtiden. Den nionde dimensionen kan du visuellt föreställa dig som den sjätte, med andra ord skapar den sjunde till nionde dimensionen en sfär som innehåller universums medvetande.

Du kan föreställa dig att sfären som innehåller den sjunde till nionde dimensionen kollapsar till en punkt, och att det är denna punkt som förflyttar sig längs en upplevs tidlinje i den tionde dimensionen.

Den tionde dimensionen innehåller informationen om samtliga möjliga tidslinjer för detta universum men även sju dimensioner för alla andra universa (med andra naturlagar). Det är med andra ord i den tionde dimensionen som medvetandet kan röra sig mellan olika universa.

Den elfte dimensionen innehåller informationen om samtliga möjliga tidlinjer för detta universum men även åtta dimensioner för alla andra universa.

89

Den tolfte dimensionen innehåller så informationen om samtliga möjliga tidlinjer för alla universa i multiversum.

Om du föreställer dig den tionde till tolfte dimensionen som en sfär och kollapsar denna till en punkt, så är detta den närmaste beskrivningen av det eviga alltet (eller "partikeln" som jag tidigare skrivit om) som jag ge dig. Den punkten kallar du för Gud, Källan till allt, en högre intelligens eller existens.

Den punkten är ditt högre jag och den återvänder du till varje natt i din djupsömn. Då färdas du från den fjärde dimensionen in i det som du uppfattar som drömlandskapet i den femte dimensionen och vidare ända till den tolfte dimensionen, för att sedan återvända.

Den information som du erhåller i djupsömnen, översätter din hjärna så gott den kan till drömmar, när du passerar tillbaka genom den sjätte och femte dimensionen. När du tolkar drömmar så bör du undvika att tolka symbolerna eller händelserna i drömmen så principfast, eftersom din hjärna inte klarar av att översätta tolvdimensionell information till tredimensionell information. Försök istället att minnas känslan som drömmen förmedlade till dig och undersök istället denna, förstå vad ditt högre jag vill informera dig om.

Med denna beskrivning om hur multiversum är uppbyggt så hoppas jag att jag stillat har din nyfikenhet om dig själv. Det sista kapitlet är en beskrivning av vad upplysning är och hur du minns att du är upplyst.

MITT LIV SOM UPPLYST

Kapitel 39

Knacka på (och öppna dörren från insidan)

Bussen från Nazareth stannar vid slutstationen i Delfi med oraklet på vänster sida.

Obadja byter några ord om sanningen med chauffören och när han kliver av bussen så frågar hon vem jag är. Jag tackar livet för skjutsen och sträcker ut min hand.

Mitt visitkort presenterar mig som medvetande och som titel står konung, präst och profet.

Som profet berättar han om universum i universum. Om Gud knackar på dörren till himlen så låser prästen upp för henne och med nyckeln från ditt hjärta kan du öppna dörren från insidan. Som konung regerar du som medvetande för evigt i paradiset.

The Beginning and the End hörs passande nog i snäckorna och jag är äntligen framme i Mecka.

Från nu till nu har jag rest på min pilgrimsfärd som livet genom döden och tillbaka.

ज्ञानं परमं ध्येयम्

(Knowledge is the ultimate goal)

Kapitel 40

Sanningen om Upplysning

Jag hoppas att jag fått dig att förstå bättre vem du är och vad meningen med livet är. Du kommer ständigt att hitta nya aspekter av dig själv som leder till ett ökat medvetande och en större spelplan att leka på. Och med oupphörligt förnyade perspektiv på dig själv så kommer du ständigt att hitta nya meningar med livet. Multiversum är ganska omfattande så jag tror inte att du kommer att bli uttråkad.

En vanlig uppfattning om upplysning är att det är svårt, eller unikt, att bli upplyst. Men jag säger dig att du redan är upplyst och att det enda du behöver göra är att minnas det. Om du på djupet av ditt väsen förstår att du skapar din egen verklighet, så har du också accepterat dig själv för den du sannerligen är, och det faktum att du är Gud.

Så jag avser inte att berätta om hur du blir upplyst, det är upp till dig att känna efter i ditt hjärta om budskapet i denna bok tilltalar din själ (ditt högre jag) eller inte. Om ditt hjärta säger ja, så är du redan vaken och påmind om vem du är.

Förvänta dig inga änglafanfarer eller sprakande fyrverkerier även om hela multiversum gläds med dig. Tro mig, en själ som vaknar ur drömmen sprider positiva vibrationer genom alla tolv dimensionerna.

Upplysning är inget annat än att du stannar kvar i ditt hjärta, oavsett vilket perspektiv du väljer att inta.

Om budskapet i boken känns avlägset och främmande, så ge det tid att sjunka in. Du kommer att förstå innebörden när det är som lämpligast för dig att förstå. Att förändra de tankemekanismer som du har underhållit hela ditt liv, kräver tilltro och energi. Det är helt naturligt.

Till sist vill jag säga att om du inte alls kan ta åt dig innehållet i boken, så är det helt i sin ordning. Du har en fri vilja och du uttrycker detta genom att avvisa det du inte vill uppleva.

Det finns inget rätt eller fel i universum, bara din sanning, för det är ett kärleksfullt universum som du har skapat och kärleken ställer inga villkor.

Universum älskar dig oändligt mycket, nu och för alltid nu.

MITT LIV SOM UPPLYST

Erkännande

Jag vill framför allt tacka två personer som omsorgsfullt har vänt ut och in på mig, även om jag skulle vilja omnämna *alla* kloka och inspirerande människor som jag mött på min pilgrimsresa.

Den första personen som jag vill uttrycka min uppskattning för är min lärare i Traditionell Kinesisk Medicin, Miguel Rodriguez Wadman. Han är en sann förvaltare av en urgammal kunskap om människan, universum och läkande. Miguel har valt att hjälpa mig (och många andra) med personlig utveckling och jag har många fina minnen från mina år på Nei Jing Akademin.

Den andra personen som jag står i evig tacksamhetsskuld till är Sri Mooji. Hans kärleksfulla och direkta lärande fick mig att vakna ur drömmen och inse vem jag är.

Till sist vill jag också tacka mina vakande änglar, och särskilt en som manifesterat sig som Aino Juurikka (Raiskio).

Rakastan sinua.

Symbolerna i vartannat kapitel är glyfer från Tzolkin-kalendern och representerar dagarna ett till tjugo.

Omslagsbilden är Paul Gauguins kanske mest berömda målning. Den bär titeln "Varifrån kommer vi? Vilka är vi? Vart går vi?".

(Musik som omnämns)

In the Silence – 17 Shades

Katatonia – The One You Are Looking For Is Not Here

Caligula's Horse – Into The White

The Chronicles of Israfel – The Equinigma

Soen – The Words

Enochian Theory – The Motives Of The Machine

3 – Soul to Sell

Antimatter – Fear of a Unique Identity

Alcest – Autre Temps

Anathema – The Beginning And The End

Författarens kommentarer

Samtliga universa har inneboende naturlagar (axiom) som vår hjärna tolkar som principer eller mekanismer, för att vi ska kunna orientera våra perspektiv. Dessa axiom kan uttrycka sig på en mängd olika sätt, men i grunden (för det universum som vi vanligtvis hänvisar till) finns fyra grundläggande uttryckssätt:

- Allt är ett
- Alla uttryck har en dualistisk motpol
- Allt du ger återspeglas tillbaka (lagen om attraktion)
- Allt förändras och det är den enda konstanten.

Det språk som konceptuellt närmast kan beskriva de oändliga uttrycken är *matematiken*, då den förklarar logiska förhållanden mellan olika fenomen. *Numerologi* (talmystik, talsymbolik, siffermystik) är mystisk gren av matematik, som beskriver metafysiska aspekter.

MITT LIV SOM UPPLYST innehåller flertal numerologiska aspekter, såsom:

- Det finns tjugo olika berättelser, ett talvärde som kan uttryckas som en *Uinal*
- Det finns tretton berättelser om livet (analogin om livet skildras i boken som en resa ombord på buss hundraåtta) som kan uttryckas som *Trecenda*
- Det finns nio olika musikstycken omnämnda som bland annat uttrycker *de nio undervärldarna*

- Pilgrimen reser i de fyra väderstrecken
- Tre medpassagerare representerar Fadern, Sonen och den Heliga anden
- Etthundrafyrtiofyra skridskoåkare återger de olika energicentra
- De tio maskulina profeterna framställer de tio himmelska ångorna
- De tolv profeterna framställer de tolv jordiska grenarna
- Sextiofyra ungdomar återger riktningarna i universum
- Fem unga män uttrycker de fem elementen
- Dualismen föreställs genom att vartannat kapitel är en berättelse och vartannat en förklaring.

Utöver de numerologiska aspekterna så återfinns symboliska uttryck i profeternas särdrag (Jeremia kallades för "den gråtande profeten", Jona blev uppäten av en fisk ...), olika heliga platser (Mecka, Machu Picchu ...) och mytologiska varelser (Rahav "draken i havet", Kamsas ondskefulla demoner ...).

Berättelserna i boken liknar möten och geografiska skildringar vid heliga personer och helgade platser. Avsikten är inte att förtala varken religion eller filosofi. Jag har all respekt för den fantastiska vishet och sanning som finns i klassisk litteratur och i heliga skrifter. Min intention är enbart att förklara att alla tider, platser och personer är lika viktiga för att kunna hitta sanningen.

Så är det.